DU PROJET DE LOI

TENDANT A RÉGLER

LES ATTRIBUTIONS FINANCIÈRES DES CONSEILS COLONIAUX.

DU

PROJET DE LOI

TENDANT A RÉGLER

LES ATTRIBUTIONS FINANCIÈRES

DES CONSEILS COLONIAUX

PAR M. JOLLIVET

Membre de la Chambre des Députés.

꧁❀꧂

2 AVRIL 1842.

꧁❀꧂

PARIS.

IMPRIMERIE D'AD. BLONDEAU, RUE RAMEAU, 7.

DU

PROJET DE LOI

TENDANT A RÉGLER.

LES ATTRIBUTIONS FINANCIÈRES.

DES

CONSEILS COLONIAUX.

————▶▶▶▶▷▷ϟϟϟ◁◀◀◀◀————

L'Assemblée nationale adressait à la *Martinique*, le 28 mars 1790, des instructions pleines de sentiments généreux et de vérités utiles.

« Les intérêts des colonies, disent ces instructions, les diversités de leur climat, de leurs mœurs et de leur organisation sociale, la distance des lieux, établissent entre elles et les provinces continentales de grandes différences de situation, et nécessitent, par conséquent, des différences dans leur constitution.

1

« Les colonies ayant seules les notions locales et spéciales; les lois qui concernent leur *régime intérieur*, et n'affectent pas leurs relations avec la métropole, peuvent et *doivent* se préparer dans leur sein.

« Leur mode d'impôt doit être approprié à leur con-
« venance, la quotité en sera réglée par le vœu des as-
« semblée coloniales, et proportionnée aux dépenses
« dont elles auront déterminé l'établissement et la me-
« sure.

« Les intérêts des citoyens doivent être gérés par
« eux-mêmes, et la gestion n'en peut être confiée qu'à
« ceux qu'ils ont librement élus, etc., etc.

« L'Assemblée nationale *ignore, méprise surtout les*
« *moyens de captiver les peuples autrement que par la con-*
« *fiance et la justice.* Attachement réciproque, avanta-
« ges communs, inaltérable fidélité, voilà, peuples
« des colonies, ce qu'elle vous promet et ce qu'elle vous
« demande! »

Ces instructions, placées comme préambule au pro-
jet de loi du 29 mars dernier, en seraient la critique la plus juste et en même temps la plus amère.

L'Assemblée nationale, bienveillante pour les colonies, dont elle appréciait l'importance, ne se borna point à de généreuses paroles, elle fit, en 1791, la constitution la plus libérale qui ait jamais régi les colonies.

Je vais bientôt en rappeler les principales dispositions.

Mais je tiens à établir que les vérités proclamées par l'Assemblée nationale ont été reconnues dans tous les temps.

Que les colonies françaises ont toujours obtenu des attributions législatives, administratives et financières, depuis et même avant la révolution de 1789.

Pour ne pas m'écarter de mon sujet, je parlerai principalement de leurs attributions financières.

Un édit du 18 mars 1760, article 10, permettait aux *Conseils supérieurs*(1) de surseoir à l'enregistrement des édits et ordonnances s'ils y trouvaient quelques dispo-

---

(1) Les conseils supérieurs participaient de la nature des parlements et des états-généraux.

sitions contraires à la nature des objets de la *législation locale* et dont l'exécution causerait un préjudice public ou un dommage irréparable aux colonies.

Indépendamment de ce vote suspensif donné aux Conseils supérieurs, la législation leur accordait des attributions positives et très étendues sur les matières les plus diverses.

Le *Conseil supérieur de la Martinique* a fait, en 1677, un réglement pour révoquer toutes taxes imposées précédemment par le Conseil, sur les marchandises du pays.

En 1686, pour fixer la taxe par barrique de sucre.

En 1685, le Conseil supérieur de *St-Domingue* fit des remontrances au Roi sur l'augmentation des droits d'entrée en France sur les sucres raffinés; le Roi y déféra.

Les Conseils supérieurs, auxquels venaient s'adjoindre des députés des paroisses, étaient appelés comme les états-généraux en France, à voter les impôts; ils étaient chargés d'en établir l'assiette, et de régler la comptabilité.

Une ordonnance du Roi du 25 septembre 1742, une autre ordonnance du 1er février 1766, prescrivaient de faire lever les deniers, dans une assemblée des contribuables ou des notables des Colonies.

Les registres du Conseil de la *Martinique* de 1715, portent : qu'en conséquence de la lettre du ministre du 23 août 1714, pour la demande d'un octroi, le gouverneur-général et intendant convoquèrent *une assemblée générale d'habitants et marchands par députés de paroisse*; que le Conseil fut aussi assemblé, et qu'on arrêta dans une assemblée commune, l'assiette et la régie de l'imposition demandée.

Le gouverneur ayant voulu changer cette assiette; le Conseil protesta, « déclara que changer leurs délibérations, *serait ôter au peuple la liberté accordée par le Roi*; ce qui serait d'une conséquence extrême; qu'il serait mieux de communiquer ce nouveau projet à toutes les paroisses, et de leur demander là-dessus leur délibération.

Le Conseil ajoutait qu'il ne savait pas, s'il pouvait enregistrer aucun réglement à ce sujet, que *les peuples ne fussent entendus*, conformément aux intentions de la cour. »

Les protestations du Conseil supérieur furent accueillies et le gouverneur-général forcé de révoquer l'arrêté par lequel il subtituait un octroi à l'octroi voté par les députés des paroisses.

On voit que nos rois ne disputaient point aux Conseils supérieurs et assemblées des colonies leurs attributions en matière de finances et d'impôts, et ne cherchaient ni à les leur ôter, ni à les réduire.

Les gouverneurs eux-mêmes en proclamaient l'utilité.

Le commissaire-général de la *Guyane Française* disait, le 7 janvier 1777, au Conseil supérieur de cette colonie : « Le caractère le plus distinctif d'une administration juste et éclairée, est cette confiance touchante, avec laquelle le souverain daigne se communiquer à ses sujets, et développer à tous les yeux ses vues, ses projets, ses ordres, ses motifs.

L'avantage le plus précieux pour le citoyen est d'être admis a délibérer librement sur la chose publique, et de participer aux résolutions qui prononcent sur l'intérêt de tous.

« Tel est, Messieurs, l'objet de cette Assemblée *des représentants de la colonie*, convoquée par le commandement de Sa Majesté. »

L'administrateur éclairé qui tenait ce langage, était M. Malouet, qui fut depuis membre de l'Assemblée nationale, et pendant trop peu de temps, ministre de la marine.

L'Assemblée nationale, héritière de notre monarchie, hérita aussi de sa bienveillance pour les colonies ; elle déclara, dans son décret du 8, 10 mars 1790 : « Qu'elle « n'entendait pas les assujettir à des lois qui pourraient « être incompatibles avec leurs convenances locales « et particulières. »

Le même décret du 8 mars 1790 disposait, article 2:

« Dans les colonies où il existe des Assemblées co- « loniales librement élues par les citoyens et avouées « par eux, ces assemblées seront admises à exprimer « le vœu de la colonie.

« Dans celles où il n'existe pas d'assemblées sem-
« blables, il en sera formé incessament pour remplir
« les mêmes fonctions. »

Dans le décret des 15 juin, 10 juillet 1791, titre 1er,
article 4 , on lisait :

« Les circonstances locales et la distance qui sépare
« les colonies des autres parties de l'empire, exigent
« des modifications dans l'application des lois consti-
« tutionnelles du royaume ; celles qui régiront les co-
« lonies seront proposées par l'assemblée coloniale et
« décrétées par le corps législatif. Elles formeront un
« code particulier, et ne pourront, dans la suite, être
« changées et modifiées par le corps législatif, *si ce*
« *n'est avec le concours de l'Assemblée coloniale.*»

Le titre 10 , article 5 : « Les lois et règlements sur
« le régime intérieur, c'est-à-dire ceux qui concer-
« nent les colonies, indépendamment et séparement
« de leurs rapports de commerce et de protection avec
« la métropole, seront proposés par l'Assemblée colo-
« niale, pourront être exécutés provisoirement avec
« l'approbation du gouverneur, et seront soumis à la

« délibération du corps législatif et à la sanction du
« Roi.

Titre V, article 3 : «Toutes les délibération sur l'ad-
« ministration intérieure des colonies, seront arrêtées
« par l'Assemblée coloniale.

Article 6. « L'Assemblée coloniale règlera les tra-
« vaux et les dépenses de l'administration intérieure
« dans toute l'étendue de la colonie.

L'Assemblée nationale, non seulement admettait
dans son sein les représentants des colonies, mais elle
maintenait les Assemblées coloniales, elle en créait là
où il n'en existait pas.

Elle appelait les Assemblées coloniales à faire avec
elle, une constitution et des lois particulières aux colonies, et qui ne pourraient à l'avenir être changées ni
modifiées sans leur concours.

Elle leur abandonnait le pouvoit exclusif de régler
les recettes et dépenses, *pour leur administration intérieure.*

La constitution de l'an III déclara les colonies françaises parties intégrantes de la république et les soumit à la même loi constitutionnelle.

Elle appelait dans ses assemblées législatives les représentants des colonies, sans supprimer les Assemblées coloniales.

L'article 91 de la constitution de l'an VIII portait que le régime des colonies serait déterminé par des *lois spéciales*.

Le sénatus-consulte de l'an XII article 54 annonçait que la constitution des colonies serait réglée par un sénatus-consulte organique.

Nos colonies ayant été lontemps occupées par l'ennemi, les communications avec la métropole ayant été presque toujours interrompues; le Consulat et l'Empire n'eurent point à décréter les constitutions ni les lois spéciales.

La Restauration voulut comme l'Assemblée nationale, comme le Consulat et l'Empire, que les colonies fussent régies par des lois et règlements *particuliers* (article 73 de la charte de 1814),

Plusieurs ordonnances des 22 novembre 1819, 13 avril 1823, 21 août 1825, 9 février 1827 et 27 août 1828, organisèrent dans les colonies des *Conseils généraux*.

Les Conseils généraux de la métropole n'étant point électifs, et ayant des attributions restreintes....

Ces ordonnances ne pouvaient pas déclarer électifs les Conseils généraux des colonies, ni leur donner des attributions étendues.

Les colonies avaient des délégués auprès du gouvernement métropolitain ; mais ils étaient nommés par le Roi, sur une liste de candidats présentés par les Conseils généraux.

Une ordonnance rendue le 23 août 1830, peu de jours après la révolution, décida qu'à l'avenir les délégués seraient nommés directement par les Conseils généraux des colonies.

La Charte de 1830 annonçait aux colonies un régime plus libéral. « Les colonies, disait M. Dupin aîné, ne seront plus soumises à l'action instable des *réglements.* »

Et on remplaçait l'article 73 de la Charte de 1814 par l'article 64 de notre Charte, portant que les colonies seront régies *par des lois particulières.*

Avant de faire ces lois, il fallait d'abord décider par qui ces lois seraient faites.

Deux systèmes se trouvaient en présence :

Premier système.

Assimiler complètement les colonies aux départements de la France continentale, quant à leur constitution politique.

En conséquence, donner aux colonies des Conseils généraux, d'arrondissements et municipaux, ayant la même organisation et les mêmes attributions ;

Mais les appeler alors à concourir, par leurs représentants dans les Chambres, au vote des lois et des impôts.

Second système.

Ne pas appeler leurs représentants à concourir au vote des lois et des impôts de la métropole ;

Mais créer des législatures coloniales, qui voteraient les décrets et les budgets concernant le régime intérieur des colonies.

Ce second système dut être préféré, parce qu'il était d'accord avec la nature des choses, avec les dissemblances que le climat, les mœurs, l'état de la société ont établies entre les colonies et la métropole.

Il devait être préféré, parce qu'il était seul en harmonie avec la Charte constitutionnelle, qui veut que les colonies soient régies *par des lois particulières.*

Un projet de loi relatif au régime législatif des colonies fut présenté le 17 décembre 1831.

M. le ministre de la marine et des colonies disait en le présentant :

« La Charte n'appelle à composer la chambre élective que les députés du territoire continental du royaume.

« Ce silence s'explique par l'art. 64, qui déclare que les colonies sont régies par une législation parti-

culière; parce que dans ces établissements tout est spécial, tout est différent de ce qui constitue la France européenne, etc., etc.

« Le gouvernement n'a pas hésité à reconnaître qu'on devait éloigner toute idée d'appeler à la chambre élective des députés des colonies.

« Cette détermination prise, on avait à examiner si la législature de la métropole devait seule connaître de toutes les matières relatives à la législation des colonies et régir ainsi des contrées dépourvues d'organes dans la Chambre des députés.

« Cette question ne pouvait manquer d'être résolue négativement.

« L'art. 64 de la Charte de 1830 est subordonné, dans son exécution, à ce qui est raisonnable et juste.

« Or, y aurait-il raison et justice à ce que la Chambre des députés, méconnaissant le principe de *la représentation*, qui est la base essentielle de son existence, voulut, sans le concours d'une nombreuse population libre, régler tous les intérêts de cette population?

« Ne serait-ce pas, de la part de la législation, assumer sur elle une grave responsabilité que de s'attribuer exclusivement le droit de faire la législation d'un pays où l'on sait que la position sociale des habitants, les usages, la culture, l'industrie, tout diffère des besoins matériels dont nos Chambres sont habituellement appelées à s'occuper? »

Ce projet de loi n'ayant pu être voté dans le cours de la session, un nouveau projet fut présenté le 29 décembre 1832. Le ministre de la marine et des colonies, M. l'amiral de Rigny, faisait connaître, dans l'Exposé des motifs : « que le gouvernement avait jugé « convenable de profiter de l'intervalle des sessions « pour consulter, sur les diverses parties du projet, les « organes légaux des colonies, c'est-à-dire les Con- « seils-généraux et les Conseils privés.

« Le gouvernement rendait ainsi un premier hom- « mage au principe rétabli en faveur des colonies, et « d'après lequel *elles doivent désormais participer plus*

« *ou moins directement à la confection des lois destinées*
« *à les régir.* »

M. *Gautier*, rapporteur de la Chambre des Pairs, a
qualifié la loi de *Charte coloniale* ; elle détermine en
effet les bases de l'organisation politique et législative
des colonies.

« Si la Charte, dit le rapport, a excepté les colonies du droit qu'elle a donné à toutes les autres parties du territoire, de participer à la représentation nationale, il faut nécessairement les admettre, au *moyen
de la représentation*, à la discussion et à la délibération
des questions qui touchent à leurs intérêts.

« Il se présentait, ajoutait le rapport, trois moyens
d'atteindre ce but.

« Le premier, de réserver à la législation de la
métropole la connaissance de toutes les matières relatives à la législation des colonies ; le second, d'accor-
der aux colonies une législature particulière, à laquelle
serait confiée la décision de ces matières ; le troisième,
enfin, de faire un départ des questions de législation
qui intéressent ces établissements, et d'attribuer à la

législation métropolitaine ceux qui auraient un caractère de généralité, ou une importance qui ne permet-
trait pas d'en déléguer la solution à une législation
locale, et de laisser, à la législature coloniale, celles
qui toucheraient le plus près à la spécialité des besoins,
et à la décision desquelles la connaissance des faits
particuliers à la localité serait nécessaire. »

« Le premier entraînait l'inconvénient de remettre une foule de questions, pour la solution équi-
table desquelles est nécessaire la connaissance d'un
grand nombre de faits spéciaux, que fait naître un état
social fondamentalement exceptionnel, à la décision
de la législature métropolitaine, qui ne peut pas avoir,
ni acquérir, à un degré suffisant, cette connaissance.

« L'admission des députés des colonies, au sein de
de la représentation nationale, irrationnelle en principe autant qu'impraticable en fait, ne remédierait
que très imparfaitement à cet inconvénient.

« Le second, en réduisant l'influence de la métropole sur ses colonies à la seule action du pouvoir exé-

cutif, compromettait l'adhérence de ces établissements
à la mère-patrie, en créant, en leur faveur, une indé-
pendance dont les passions locales eussent pu faci-
lement abuser, et qui eut été, d'ailleurs, incompatible
avec la réciprocité de priviléges dont se compose le
système des relations commerciales de la France avec
ses colonies.

« C'est donc sur le troisième moyen que le gouvernement a fixé son choix.

« La pensée-mère du projet de loi, c'est par conséquent, de retenir dans le domaine de la législature
métropolitaine, le jugement des *questions générales, ou
qui affectent d'une manière directe les intérêts moraux et
matériels de l'État*; de remettre, à la décision d'une
législature locale, instituée à cet effet, les matières qui
se rattachent *à l'intérêt particulier des colonies en général, et de chaque colonie en particulier*; enfin, de con-
fier, pour un délai déterminé, à l'ordonnance royale,
sous l'obligation de consulter préalablement les colonies, le soin de statuer sur quelques matières qui, par
leur nature, ne sont pas du ressort de la législation
générale, et qui ne pourraient pourtant encore être re-

mises à la législature locale, sans qu'on eut à redouter
de sa part, ou les erreurs dans lesquelles pourraient
entraîner l'inexpérience, ou l'influence de quelques
préjugés.

« Votre commission a vu, dans cette pensée, une
heureuse et prudente conciliation de tous les droits et
de tous les intérêts. »

La loi du 24 avril 1833, conforme aux principes
développés dans le rapport, institue les Conseils coloniaux, dont les membres sont élus pour cinq ans par
les colléges électoraux (art. 1er);

L'article 2 énumère les lois d'intérêt général, qui
doivent être faites par le pouvoir législatif du royaume;

L'article 3 énumère les objets pour lesquels il doit
être statué, par ordonnance royale, les Conseils coloniaux ou leurs délégués préalablement entendus;

Suivant l'article 4, les matières qui ne sont pas réservées par les deux articles précédents aux lois de
l'État ou aux ordonnances royales, seront réglées par

les décrets rendus par le Conseil colonial, sur la proposition du gouverneur ;

Article 5 : le Conseil colonial discute et vote, *sur la présentation du gouverneur*, le budget intérieur de la colonie ; toutefois, le traitement du gouverneur et les dépenses du personnel de la justice et des domaines sont fixés par le gouvernement, et ne peuvent donner lieu, de la part du Conseil, qu'à des observations ;

Article 6 : le Conseil colonial détermine, dans les mêmes formes, l'assiette et la répartition des contributions directes ;

Article 8 : les décrets adoptés par le Conseil colonial, sont soumis à la sanction du Roi.

On remarquera qu'aucun décret colonial, en matière de finance comme en toute autre matière, ne peut être rendu que sur l'*initiative* du gouverneur ; qu'aucun décret n'est exécutoire sans la sanction provisoire du gouverneur, sans la sanction *définitive* du Roi.

Telle est la loi du 24 avril 1833, dont les colons s'étaient contentés, quoiqu'elle les exclût du droit de participer, par leurs réprésentants, au vote des lois générales, et qu'elle ne leur donnât, en compensation, que des attributions circonscrites, sur des matières d'intérêt local.

Les Conseils coloniaux en ont usé avec réserve et intelligence. Il y a eu, à diverses époques, des discussions vives, discussions qui sont de l'essence de toute assemblée parlementaire, mais les résolutions ont toujours été sages ; et l'on n'a pas à citer, pendant les huit années qui se sont écoulées, un refus de concours, un refus de budget.

Ces attributions ont cependant paru trop étendues à la commission qui siége au ministère de la marine, sous le nom de *Commission des affaires coloniales*.

Elle a préparé, au mois de mars 1841, un projet de loi qui abrogeait la loi du 24 avril 1833, supprimait les Conseils coloniaux et donnait la représentation directe aux colonies. Le gouvernement ne l'a pas approuvé.

Mais il a présenté un autre projet également préparé par la Commission des affaires coloniales et ayant pour but de modifier le système financier dans les colonies.

Ce projet est devenu la loi du 25 juin 1841, qui dépouille les colonies d'une portion notable des attributions financières dont la loi du 24 avril 1833, les avait dotées.

Le ministre de la marine, vous a dit, le 29 mars dernier, que la loi du 25 juin 1841, avait causé une grande irritation dans les Conseils coloniaux.

Cela est vrai ; et des paroles malheureuses qui lui sont échappées dans la séance de la Chambre des pairs du 21 juin, sont la cause principale de cette irritation.

Devant la Chambre des députés M. le ministre de la marine est des colonies, M. le rapporteur, avaient présenté la loi du 25 juin, comme une simple mesure de finances et de comptabilité.

M. le ministre a changé de langage à la Chambre des pairs : il ne s'agit pas, a-t-il dit, de comptabilité des colonies ; il s'agit, au moment où nous sommes et où nous devons préparer une grande mesure gouvernementale, *de renforcer l'autorité dans les colonies.* »

Renforcer l'autorité du gouvernement dans les colonies aux dépens de l'autorité des Conseils coloniaux, qu'on voulait affaiblir, tel était le but avoué de la loi! on traite les Conseils coloniaux en ennemis qu'on désarme, pour remporter sur eux une victoire plus facile, on les menace, et l'on est étonné qu'ils s'irritent!

Espère-t-on calmer le mécontentement des colonies, en aggravant la loi du 25 juin 1841 qui en est la cause?

Si leur mécontentement est impuissant parce qu'elles sont faibles, est-il digne d'un gouvernement fort de l'exciter, de les pousser au désespoir?

Ne vaudrait-il pas mieux revenir aux seuls moyens qui aient cours dans les colonies françaises ; aux seuls moyens dont l'Assemblée nationale déclarait vouloir user *pour captiver les peuples; la justice et la confiance!*

La justice et la *confiance!* depuis quelques années la métropole a cru pouvoir s'en dispenser envers les colonies. Les colonies sont traitées durement, leurs plaintes sont vives, amères...... sont-elles fondées?

Que les chambres en soient juges.

La loi du 25 juin 1841, dispose :

« Que les recettes et dépenses des colonies de la Martinique, de la Guadeloupe, de la Guyane Française et de Bourbon, font partie des recettes et dépenses de l'État, et sont soumises aux règles de la comptabilité générale du royaume ; *les recettes et dépenses affectées au service général sont arrêtées définitivement par la loi du budget — les recettes et dépenses affectées au service intérieur continueront à être votées par les Conseils coloniaux.* »

M. le ministre de la marine et des colonies en présentant la loi, dans la séance du 6 avril, disait :

« Le département de la marine a dû reconnaître avec la Commission des affaires coloniales, instituée par la décision royale du 26 mai 1840, la nécessité d'adopter, à partir de l'exercice 1842, un autre système qui, *sans modifier* au fond les articles 5 et 6 de la loi du 24 avril 1833, leur donne une application en harmonie avec le véritable caractère de l'institution des Conseils coloniaux.

« Pour arriver à ce résultat, nous avons reconnu qu'il convenait d'adopter les bases suivantes :

« 1° Mettre à la charge des fonds de l'Etat la totalité des *dépenses de souveraineté* et d'administration générale qui se font dans les colonies, et qui peuvent être assimilées aux dépenses de même nature que comprennent en France, pour les départements, les divers ministères, etc., etc.·;

« 2° Assimiler le surplus des dépenses et des contributions coloniales aux dépenses et aux contributions départementales facultatives et extraordinaires qui figurent dans le budget général de l'Etat, mais seulement pour ordre et sous réserve du vote des Conseils-généraux.

« Telles sont les règles qui ont présidé à la rédaction du projet de loi que nous avons l'honneur de vous soumettre, et du tableau du service colonial qui s'y trouve annexé. Le partage des dépenses et des recettes coloniales y est établi, autant que possible, d'une manière analogue à la division qui existe pour les départements de la France, et que consacre le tableau du service départemental annexé au budget de l'Etat.

« *Les attributions des Conseils coloniaux ne cesseront pas*

de s'exercer librement en ce qui concerne le chiffre, le pro-
duit et l'emploi des contributions directes dévolues à leur
vote. »

Le rapporteur à la Chambre des députés tenait, dans la séance du 6 mai, le langage le plus rassurant pour les Conseils coloniaux.

« La loi du 24 avril 1833 a remis à la décision des Conseils coloniaux les matières qui se rattachent à l'intérêt local.

« Par l'article 5, le Conseil colonial discute et *vote* le budget intérieur.

« Par l'article 6, le Conseil colonial détermine l'assiette et la répartition des contributions directes; cet article 6 subsiste dans son intégrité; on y ajoute même le vote et l'emploi des contributions indirectes.

« On veut régulariser l'action des Conseils coloniaux sans la paralyser; leurs attributions sérieuses datent de 1833, *elles seront respectées*, etc., etc.

« Le pouvoir législatif est régulièrement saisi de

l'autorité suffisante pour faire des lois nouvelles, *non point en vue d'atténuer les concessions, mais pour les rendre plus fructueuses.*

« L'examen des produits se classe en deux catégories, etc.

« La deuxième catégorie comprendra toutes les contributions tant directes qu'indirectes. A cet égard, les attributions des Conseils coloniaux ne sont point changées, ils proposeront le système d'impôt le mieux en harmonie avec les habitudes locales, avec les intérêts de la culture et avec les besoins du service intérieur qu'ils continueront à *régler* comme par le passé.

« Les évaluations sont présentées en bloc, sans un fractionnement qu'il convenait d'éviter, *afin de ménager l'intégralité de ces attributions dont la chambre est jalouse pour les corps électifs à qui la loi les donne.* Le budget général contiendrait donc un total qui n'est point assigné irrévocablement, mais qui se présente comme élément de calcul.

« Deux exemples sont fournis par le budget même, aux chap. 25, 26, 27 du ministère de l'intérieur, les centimes facultatifs et additionnels, les centimes extraordinaires, sont votés par la chambre, sans préjudes attributions conférées aux Conseils-généraux; les centimes spéciaux de l'instruction primaire sont évalués également selon le maximum légal.

« La loi des finances contient un maximum de centimes facultatifs et spéciaux. *Cette limite doit-elle et peut-elle être posée, quand la nature même des charges est remise au libre arbitre des Conseils coloniaux chargés, en outre, de déterminer l'emploi des fonds perçus ?*

Non.

« Les Conseils coloniaux conservent la faculté de régler les dépenses imputables sur les revenus locaux, *de les régler selon les besoins et les vœux des citoyens dont ils sont les organes. Il n'est rien changé à la loi de 1833 en ce qui concerne les votes importants par leur influence sur les destinées des colonies, et même par l'élévation des sommes laissées ainsi à la disposition des Conseils.*

« En portant ces dépenses au chap. 28, par masse et sans affectation spécialisée, votre commission a voulu tracer nettement *la part d'attributions maintenue aux conseils coloniaux.* »

Dans la séance même où M. le ministre de la marine et des colonies faisait entendre des paroles si regrettables (1), il assurait du moins *que le but de la loi nonvelle n'était nullement de détruire les* BIENFAITS *de la loi du 24 avril* 1833.

Dans la séance du 18 mai, le rapporteur à la Chambre des députés s'écriait :

« Loin de nous la pensée qu'aucune atteinte puisse être portée aux libertés consacrées par la Charte. *Nous reconnaissons le droit légitime qu'ont tous les citoyens français, quelle que soit la partie du royaume qu'ils habitent, d'intervenir quand il s'agit du maniement des deniers qu'ils versent dans les caisses locales ou municipales.*

« *Il n'y a pas, dans le projet, un mot qui justifie les allarmes répandues dans les colonies.* »

On me pardonnera le luxe des citations que j'ai

(1) Séance du 21 juin 1841.

multipliées à dessein, elles étaient nécessaires, pour prendre acte d'assurances officielles.

Il ne me sera que trop facile de justifier que ces assurances étaient vaines, que *les allarmes répandues dans les colonies* n'étaient que trop fondées!

Où sont les faits graves, nombreux, qui autorisent le gouvernement à manquer à la foi promise; à proposer la destruction totale des attributions financières octroyées aux Conseils coloniaux par la loi du 24 avril 1833, loi que leur rapporteur appelait la *Charte coloniale*, loi que le ministre de la marine déclarait un *bienfait* pour les colonies; et qu'il s'était engagé à *respecter*?

L'article 10 de la loi du 24 avril 1833 autorise les Conseils coloniaux à faire connaître leurs vœux sur les objets concernant les colonies, soit *par une adresse au Roi*, s'il s'agit de matières réservées aux lois de l'État ou aux ordonnances royales, soit par une mémoire au gouverneur, s'il s'agit d'autres matières.

Les Conseils coloniaux ont, dans des *adresses au Roi*,

exprimé le vœu que Sa Majesté, usant de son initiative, voulût bien proposer aux chambres l'abrogation
de la loi du 25 juin 1841.

Je n'ai pas besoin de dire que les adresses des Conseils coloniaux étaient conçues dans les termes les plus
respecteux, et que dès lors les délégués ont dû s'em-
presser de les mettre sous les yeux du Roi.

Ces adresses sont-elles un crime? Veut-on interdire
aux colonies jusqu'à la plainte?

Faut-il blâmer ce sentiment de confiance et d'amour
qui les a conduites au pied du trône, dernier refuge
des opprimés?

Si elles ont fait un appel à la prérogative royale,
si elles n'ont pas assez compris toutes les difficultés qui
paralysent le bon vouloir d'un Roi constitutionnel;

N'est-ce point assez de leurs espérances perdues,
faut-il encore punir leurs illusions?

Sur quatre Conseils coloniaux, *un seul*, celui de
la *Guadeloupe*, a cru devoir, en attendant la réponse

du Roi à son adresse, *non pas rejeter le budget* d'une manière absolue, mais voter six douzièmes provisoires.

La comission du Conseil colonial de la *Martinique*, qui a été chargée de l'examen du budget de 1842, aurait, suivant l'Exposé des motifs, proposé de retirer du budget de l'Etat certaines branches du revenu qui y ont été formellement incorporées par la loi du 25 juin 1841, et de rejeter plusieurs articles de dépenses qui ont été classées par la même loi, parmi celles du service intérieur.

L'Exposé des motifs ne sait pas et ne dit pas si les conclusions de la commission ont été adoptées par le Conseil colonial.

L'Exposé des motif ne sait pas et ne dit pas ce qui a été fait par les Conseils coloniaux de la *Guyane française* et de *Bourbon*.

Et cependant l'Exposé des motifs lu par M. le ministre de la marine et des colonies, affirme, sans le savoir, *que les Conseils coloniaux n'ont pas usé avec une sage réserve de la part qui leur était conservée dans le vote des recettes et dépenses !*

Le gouvernement est dans l'erreur; nous croyons que les Conseils coloniaux de la Martinique, de la Guyane française et de Bourbon voteront les budgets de leurs colonies, conformément à la loi du 25 juin 1841, sans renoncer à l'espoir que cette loi sera bientôt abrogée (1).

Nous demandons d'ailleurs si un gouvernement devrait agir avec une telle précipitation, et sur de simples prévisions que l'événement peut démentir, proposer aux Chambres une loi qui frappe tous les Conseils coloniaux, parce que l'un d'eux aurait usé de son droit jusque dans son extrême limite; une loi rétroactive, une loi qui déshérite les colonies de leurs droits en matière d'impôts, une loi qui viole la Charte constitutionnelle et porte atteinte aux principes les plus sacrés du gouvernement représentatif!

Je vais justifier ces paroles, dont je sens toute la gravité et dont j'assume toute la responsabilité.

(1) Les colonies l'ont attaquée comme violant le principe du gouvernement représentatif, qui ne permet pas de percevoir des impôts non votés par les représentants du pays, et il faut reconnaître que ces attaques sont fondées; la loi du 25 juin 1841, enlevant aux Conseils coloniaux le vote d'une partie *des impôts perçus dans les colonies,* pour l'attribuer aux chambres dans lesquelles les colonies ne sont pas représentées.

3

L'article 1er du projet, qui est à lui seul la loi toute entière, porte que le budget des recettes et des dépenses du *service intérieur* des colonies sera réglé définitivement par une ordonnance qui peut *rejeter* ou *réduire* la dépense proposée au budget.

Cet article adopté, la loi du 24 avril 1833, la Charte coloniale, n'existe plus !

Le droit constitutionnel que la loi du 24 avril 1833 reconnaissait aux colonies de discuter et de voter leurs budgets intérieurs, droit que la loi du 25 juin 1841 avait conservé, du moins en partie, n'existe plus !

Tous les principes invoqués par le gouvernement et par les rapporteurs dans la discussion des lois des 24 avril 1833 et 25 juin 1841, seraient méconnus et violés !

« Que deviendrait le principe de la *représentation*, (c'est le ministre de la marine de 1833 qui parle) « principe qui est la base de l'existence de la Chambre « des Députés, si l'on voulait, sans le concours d'une « nombreuse population libre, régler tous les intérêts « de cette population.... si elle ne participait plus à

« la confection des lois destinées à la régir, au vote
« de ses impôts et de ses dépenses ? »

Que deviendrait cette *législation locale* dont la loi du
24 avril 1833 avait voulu, avait dû doter les colonies,
par cela même qu'elle ne croyait pas devoir appeler
leurs représentants dans nos Chambres législatives ?

Où sont ces scrupules que **M.** le ministre de la
marine et des colonies exprimait dans la séance du
6 avril de l'année dernière ? sa crainte de *modifier* la
loi du 24 avril 1833 ? La promesse qu'il répétait à la
Chambre des Pairs de conserver aux colonies les
bienfaits de la loi du 24 avril 1833 ? Cette assurance
que les Conseils coloniaux ne cesseraient pas d'exercer
librement leurs attributions en ce qui concerne le chiffre,
le produit et l'emploi des contributions directes dévolues à leur vote ?

Que leurs attributions seraient *respectées ;*

Qu'on n'entendait pas les atténuer, mais les *rendre
plus fructueuses ;*

Qu'on voulait régulariser, et non *paralyser* l'action des Conseils coloniaux ;

Que *la Chambre élective* se montrerait jalouse de conserver l'*intégralité* des attributions que la loi a données à *des corps électifs ?*

Lorsque le gouvernement a sitôt oublié des promesses aussi solennelles, a-t-il droit de s'étonner de l'irritation des colons ?

N'est-ce pas lui, qui par une complaisance fatale, vient à chaque session proposer des projets de loi qu'il n'a pas conçus, et qui ont tous la même tendance ; la destruction des droits que la Charte et les lois ont reconnus aux colons, la désorganisation de la société coloniale ?

Il est temps que les chambres interviennent.

Je leur demande le rejet du projet de loi actuel, et j'espère ne pas le demander en vain.

Le projet de loi dépouillerait les Conseils coloniaux, du droit de *voter* leurs budgets intérieurs ; le Roi aurait le droit, en les réglant, de *rejeter* ou *de réduire les dépenses* portées dans ces budgets.

Le gouvernement, dans l'article 15 du projet de loi sur le réglement définitif de l'exercice de 1840, avait cherché à justifier cette disposition exorbitante, par une analogie empruntée de la loi du 10 mai 1838, sur les attributions des Conseils généraux.

On oublie que les Conseils coloniaux ont, et doivent avoir, des attributions plus étendues que les Conseils généraux.

M. le ministre de la marine et des colonies annonçait à la vérité, dans son Exposé des motifs de la loi du 25 juin 1841 ; « qu'on pourrait bien un jour leur assi-« gner de nouvelles limites ; convertir les Conseils co-« loniaux en corps consultatifs semblables à nos Con-« seils généraux de département...... mais que cela « n'aurait lieu *que dans le cas où la loi de 1833 étant réformée dans son ensemble, les colonies seraient admises à participer directement à la représentation nationale.*

M. le ministre de la marine et des colonies vient au-

jourd'hui proposer l'assimilation des Conseils coloniaux aux Conseils généraux.

Propose-t-il en même temps d'admettre les colonies à participer directement à la représentation nationale ?

Non.

Il a déclaré que l'assimilation n'était juste qu'à cette
condition, et il la propose sans la condition qui seule,
d'après lui-même, pouvait la justifier (1) !

Le temps n'est plus où le ministre de là marine et
des colonies, fidèle à son titre, déclarait : « que la métropole ne devait pas connaître seule de toutes les matières relatives à la législation des colonies et régir
ainsi des contrées dépourvues d'organes dans le sein
de la Chambre des députés ; que ce serait méconnaî-
tre l'esprit de la Charte ; que cette usurpation ne serait

(1) C'est ainsi qu'on devait proposer à la fois un projet de loi qui
aurait supprimé le sucre indigène, et un autre projet qui aurait appli-
qué l'expropriation forcée dans les colonies; comme correctif et pour
en atténuer la rigueur.

Le second projet a été présenté seul ; le premier a été ajourné !

ni raisonnable ni juste ; *que la Chambre ne voudrait pas en la commettant, violer le principe de la représentation qui est la base essentielle de son existence.* »

Le projet de loi propose la violation du principe de la *représentation*, base essentielle de l'existence de la Chambre des députés et du gouvernement représentatif.

La Chambre des députés le violera-t-elle parce qu'il ne s'agit pas d'elle-même et des Français de la métropole ?

Le violera-t-elle parce qu'il s'agit des Français des colonies ?

Les Français de la métropole voteront le budget général, par leurs représentants dans la chambre ; ils voteront le budget de leurs départements par leurs représentants dans les Conseils généraux.....

Les Français des colonies, n'auront point de représentants dans la chambre pour voter le budget général ! et quant aux dépenses d'intérêt local, les Conseils

coloniaux ne pourront les voter que *provisoirement*, cha-
cune d'elles pourra être *réjetée* ou *réduite* par une ordonnance royale ?

La Charte de 1830 n'a-t-elle pas proclamé que tous
les Français sont égaux devant la loi ?

Est-ce donc pour les colonies seules que la Charte
de 1850 ne serait pas une vérité ?

Suivant l'article 40 de la Charte, aucun impôt ne
peut être établi, ni perçu, s'il n'a été consenti par
les deux Chambres et sanctionné par le Roi.

Le projet de loi violerait l'article 40 de la Charte ;

Je le démontre en deux mots.

La loi du 25 juin 1841 porte :

« Que les recettes et dépenses affectées au service
général des colonies, sont arrêtées définitivement par
la loi du budget ; que les recettes et dépenses affectées
au service intérieur *continueront à être votées* par les
Conseils coloniaux.

En conséquence, deux tableaux sont annexés à la loi.

L'un, contenant les recettes et dépenses du service général; l'autre, contenant les recettes et dépenses du service intérieur des colonies.

Si les recettes et dépenses de cette dernière nature figurent également dans le budget de l'Etat, elles y figurent (le ministre de la marine, le rapporteur à la Chambre des Pairs, M. Rossi, l'ont dit), seulement *pour ordre* et *sous la réserve du vote des Conseils coloniaux.*

Si les Conseils coloniaux ne votaient pas les impôts dont le vote leur est réservé par la loi du 25 juin 1841....... Le Roi ne pourrait pas déclarer exécutoire un prétendu budget contenant des impôts qui n'auraient été votés ni par les Conseils coloniaux, ni par les Chambres. De même qu'il ne peut déclarer exécutoire, en France, un budget contenant des impôts qui n'auraient été votés ni par les Chambres, ni par les conseils généraux, ni par les Conseils municipaux (1).

(1) Le Roi suivant le projet, pourrait ordonner *que les recettes con-*

Une loi qui *délèguerait* au Roi ce pouvoir extraordinaire serait contraire à la Charte, contraire aux premiers principes du gouvernement représentatif.

Pour que le projet de loi fût en harmonie, sinon avec l'esprit, du moins avec la lettre de la Charte, il faudrait qu'il attribuât aux Chambres le vote des *recettes* du service intérieur des colonies, réservées aux Conseils coloniaux par la loi du 25 juin 1841.

Mais si les Chambres ont cru devoir se ressaisir des recettes et dépenses du *service général des colonies*, qui pouvaient affecter les intérêts de la métropole, mêlés aux intérêts coloniaux..... Elles ne voudraient certainement pas enlever aux Conseils coloniaux le vote des recettes et dépenses du *service intérieur?*

Elles reconnaîtraient leur incompétence, leur impuissance à voter (autrement que pour ordre), les recettes et les dépenses locales, sans connaître les localités, leurs ressources et leurs besoins?

tinueraient à s'effectuer conformément au budget régulier de l'année précédente.

Ainsi, le Roi ordonnerait qu'un impôt qui a été voté *pour un an* serait perçu pendant *deux ans!*

Je n'hésite pas à dire que les Chambres refuseraient des attributions qui ne peuvent être exercées utilement et en connaissance de cause que par les Conseils coloniaux.

Si les Conseils coloniaux ne veulent pas en user ; s'ils refusent de se réunir, ou s'ils ne votent pas le budget, que devra faire le gouvernement de la métropole ?

« Son devoir n'est-il pas de pourvoir à ce que les « *services publics* soient exempts d'interruption dans les « colonies comme en France ? »

Le gouvernement oublie que le refus du budget colonial ne peut plus désorganiser les *services publics* dans les colonies ; puisque les recettes et les dépenses affectées à ces services sont, aujourd'hui, votées par les Chambres (1).

Qu'un refus de budget par les Conseils coloniaux ne pourrait pas avoir les résultats qu'il aurait eus avant la loi du 25 juin 1841 ; et que c'est principalement pour obvier aux inconvénients de refus de budget que la loi

_____

(1) Voir les tableaux annexés à la loi du 25 janvier 1841.

du 25 juin 1841 a été présentée par M. le ministre de la marine, ainsi qu'il l'a déclaré lui-même devant la Chambre des pairs.

Le refus d'un budget colonial affecterait les colonies seules et non la métropole; il ne faut donc pas qu'il excite à un aussi haut degré les préoccupations du gouvernement.

Un Conseil colonial a bien pu, dans un moment d'irritation, non pas refuser le budget, mais menacer de le refuser...

Ce sont des menaces qu'il ne réalisera point.

S'il les réalise, la loi du 24 avril 1833 fournira le remède; il n'en est pas besoin d'autre.

Le gouverneur dissoudra le Conseil, et un autre Conseil votera le budget sans lequel tous les intérêts *locaux* seraient en souffrance.

L'assurance donnée par le gouvernement qu'il sera un *administrateur* aussi *économe* que *bienveillant* des finances coloniales, ne saurait satisfaire les colonies (1).

(1) En 1830, la *Martinique* avait dans sa caisse de réserve 2,400,000, De 1830 à 1834, le Conseil général, par un concours de circonstances

Elles feront observer qu'il ne s'agit point ici *d'administration*, mais de budgets, de recettes et de dépenses à voter ;

Que, sous l'ancien régime, les colonies avaient le droit de voter leurs impôts ;

dont il serait trop long de rendre compte, a cessé de se réunir.

En janvier 1834, époque à laquelle le Conseil colonial se réunissait pour la première fois, il n'y avait plus rien qu'un déficit de 312,000 fr.! Voilà l'ÉCONOMIE d'un gouvernement sans le contrôle des corps représentatifs !

Bourbon avait en 1834, dans sa caisse de réserve . . 1,210,161 fr.

Elle avait en 1840 1,294,766

Différence en plus. 84,605

La *Guadeloupe* avait, en 1834, dans sa caisse de réserve 552,598 fr. dont 400,000 fr. en mauvaises créances, 132,398 fr. en impositions arriérées, considérées comme perdues; en bonnes créances 20,000 fr.

Au 31 décembre 1841, elle avait, suivant les calculs de l'administration locale, en bonnes valeurs. . . . . 292,549 fr. 79 c.

En espèces. 548,321   70

840,871   49

Suivant les Conseils coloniaux :

En bonnes valeurs. 292,549   79

En espèces. 655,321   44

941,871   20

Au lieu de 20,000, en janvier 1834, date de l'ouverture de la première session du Conseil colonial! Et une des accusations portées entre les Conseils coloniaux, dans le rapport du 6 mai 1841 (page 9), accusation sur laquelle on motivait la nécessité d'une loi nouvelle, c'est que depuis l'institution des Conseils coloniaux, *la Martinique a épuisé sa caisse de réserve; les caisses de réserves de la Guadeloupe et de Bourbon ont décru rapidement!*

Et qu'elles ne peuvent pas être traitées moins libéralement que sous l'ancien régime.

Que la Charte de 1814 a rétabli le gouvernement représentatif. Que la Charte de 1830 l'a développé; que les colons, deshérités de la représentation générale, défendront leur *représentation locale*, qu'ils revendiqueront le droit constitutionnel de voter leurs impôts, leurs dépenses *intérieurs;* avec autant d'énergie que les chambres défendraient, si on osait l'attaquer, leur droit souverain de régler les finances de l'État.

Le Code civil consacre un principe d'éternelle justice en déclarant que la loi ne dispose que pour l'avenir; qu'elle n'a point d'effet rétroactif.

Le projet de loi ne devait pas s'arrêter devant le principe de non rétroactivité, aussi en propose-t-il la violation dans son article 3 portant : « la présente « loi aura son effet à partir de l'exercice 1842.»

Les budgets de 1842 sont actuellement votés dans les quatres colonies sous l'empire des lois du 24 avril 1833 et 25 juin 1841, lois suivant lesquelles le Roi n'a que le droit de donner ou de refuser sa sanction; ne peut ni modifier ni changer les budgets coloniaux, ne peut ni *rejeter* ni *réduire* une dépense inscrite dans ces budgets.

On ne saurait sans rétroagir, appliquer la loi qui donnerait à l'ordonnance le droit de rejeter et réduire les dépenses inscrites dans les budgets coloniaux, *aux budgets déjà votés*.

De pareilles énormités ne seront pas consacrées par les Chambres, qui ne voudront pas mettre les Français des colonies, en dehors de tous les principes, hors la Charte, hors la loi !

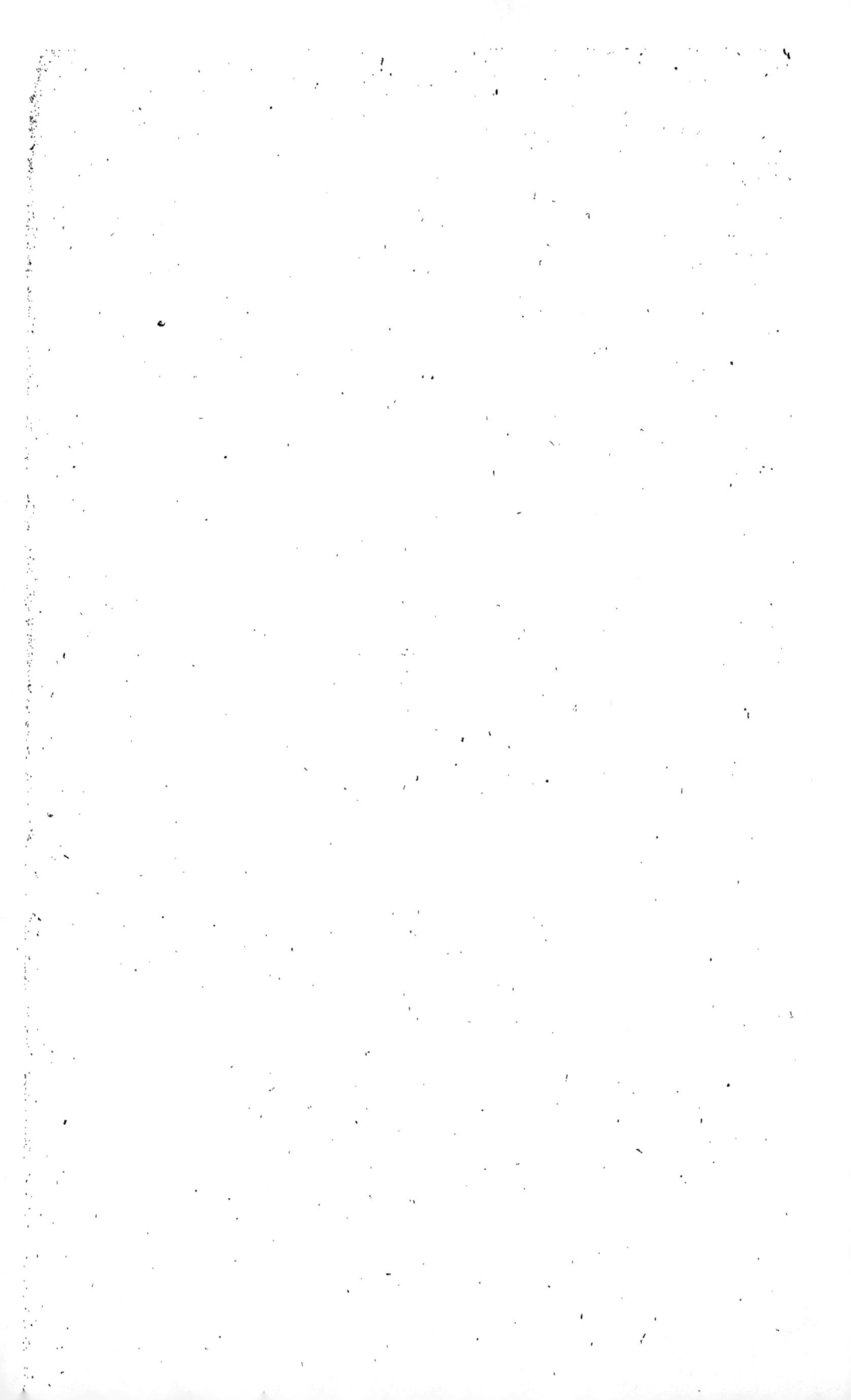

www.ingramcontent.com/pod-product-compliance
Lightning Source LLC
Chambersburg PA
CBHW071340200326

41520CB00013B/3057